시베리안 허스키

윤현 시집

상상인 시인선 *089*

포옹처럼 다정히도 일렁이던, 그 불꽃

너의 바랜 미소가 켜진다

•본문 페이지에서 한 연이 첫 번째 행에서 시작될 때에는 〈 표기를 합니다.
•저자의 의도에 따라 작품의 보조 동사와 합성 명사는 띄어쓰기가 달라질 수 있습니다.

시인의 말

은사시나무의 귓속말이 될 수 있다면

시월愛 윤 현

차례

1부 내게는 너 하나가 우주보다 크더라

꽃	19
그곳으로	20
걷고 또 걸을 뿐	21
파도	22
우주	23
바람	24
키위의 독백	25
그대	26
검은 달	27
꿈	28
4월의 겨울	29
캐럴	30
천박한 박애	31

2부 끝없이 일렁이는 고요의 바다

십자가	35
한때는	36
환영	37
아저씨	38
나무	39
냇물	40
마지막 잎새	41
사계	42
가녀린 것들에 대한 상념	43
밤하늘	44
빈곤의 시대	45
해탈	46

3부 흩어져 풀을 뜯는 순록 떼를 치며

이치	51
도미를 위한 발라드	52
로드킬	53
재	54
천연	55
시베리안 허스키	56
곤충을 위한 병원	58
소들의 침묵	60
상선약수	62
라면	64
송곳니	65
제비의 고백	66

4부 해바라기가 묻는 열 개의 수수께끼

들국화	71
지하도로부터의 수기 1	72
지하도로부터의 수기 2	73
지하도로부터의 수기 3	74
벌레 같은 놈 1	75
벌레 같은 놈 2	76
번데기 1	78
번데기 2	80
어떤 기억	81
사막 나비	82
환한 인연	83
숭례문	84
산들바람이 불어왔다	85

해설 _ 구심력으로 빚은 이타적인 방식들   87
권혁재(시인)

1부

내게는 너 하나가 우주보다 크더라

꽃

어느 날

길가에 핀 꽃 한 송이에서

당신의 모습을 보았습니다

그날부터, 나는

꽃을 꺾지 않는 사람이 되었습니다

그곳으로

바람이여,

새를 가두지 않고 꽃을 꺾지 않는 그곳으로

어른들이 아이들의 발걸음에 맞춰 걷는 그곳으로

부유함이 가난에게 문을 닫지 않는 그곳으로

사람들이 서로 죽이는 대신 이마를 맞대는 그곳으로

바람이여,

깃털과 풀꽃이 총알과 미사일보다 가치 있는

그곳으로, 아름다운 그곳으로

걷고 또 걸을 뿐

그저 걷고 또 걸을 뿐

봄, 길 왼편의 개나리 길동무 삼아

여름, 흙밭 오른편의 아지랑이 이정표 삼아

가을, 신발 아래의 낙엽 나침반 삼아

겨울, 어깨 위의 눈송이 말동무 삼아

어제, 후회의 발자국 먼 뒤로 남겼을지라도

내일, 불안의 한숨 앞으로 길게 내뱉을지라도

오늘, 걷고 또 걸을 뿐

파도

나는 파도

들판 위의 저 꽃 한 송이가 너무도 아름다워

닿지 못하겠지만, 흰 물거품으로 부서지겠지만

깨지고 또 달려가는

나는 파도

우주

이 우주에는 수조 개의 은하가 있단다

그중 단 하나가 우리 은하란다

이 은하에는 수천억 개의 별이 있단다

그중 단 하나가 태양이란다

이 태양에는 수 개의 행성이 있단다

그중 단 하나가 지구란다

이 지구에는 수십억의 사람이 있단다

그중 단 한 사람이 너란다

하지만 내게는 우주가 너 하나보다 작더라

내게는 너 하나가 우주보다 크더라

바람

나는 그 무엇도 가두고 싶지 않다
사람도, 개와 고양이도
새도, 풀벌레와 물고기도
그 무엇도 가두고 싶지 않다
철창과 목줄로 유지되는 사랑과 우정은
바라지 않는다

나는 한 줄기 바람이고 싶다
태양을 나침반 삼아 하염없이 떠돌다가

땀 흘리는 농부의 등줄기를 훑고
숲속 아가 새의 솜털을 만지다
노을빛 파도와 함께 너울대며
곤히 잠든 섬집 아기의 머리칼을
부드러이 넘겨주는 바람

그런 바람 한 줄기로
그렇게 흐르고 싶다

키위의 독백

모든 새가 날지는 못하는 법이고

날지 못하는 새는 바닥에 부리를 처박을 수밖에

다른 새들의 손가락질을 받더라도

바닥에 부리를 처박을 수밖에

날지 못하는 새라고 해서

나는 새보다 사랑이 덜 고픈 것은 아니니까

날지 못하는 새라고 해서

나는 새보다 꿈이 작은 것은 아니니까

날지 못하는 새라고 해서

새가 아닌 것은 아니니까

그대

청옥을 품은 듯 푸르른 강이라 해도

가서 무엇 하겠습니까

별빛을 적신 듯 새하얀 산이라 해도

가서 무엇 하겠습니까

사금을 뿌린 듯 찬란한 바다라 해도

가서 무엇 하겠습니까

그곳엔 그대가 없을진대

검은 달

하늘님은 만물이 아름다움에 질투하라고

검은 도화지에 하얀 달을 뿌려놓았지만

제게 하얀 달보다 더 아름다워 보이는 것은

하얀 도화지의 검은 달입니다

낮이 와도 저물지 않는 검은 달

날이 지나도 기울지 않는 검은 달

당신의 눈동자

꿈

나를 물처럼 감싸주오

그러면, 나는

빗물을 품는 황토 되어

내일이라는 푸르른

새싹을 틔워내리라

4월의 겨울

꽃이 피고

새가 울어도

그대는 옆에 없으매

나의 계절

겨울이어라

캐럴

누군가는 오늘

버림받겠지

누군가는 오늘

굶주리겠지

누군가는

오늘 짓밟히겠지

온 천지가 왁자하고 훈훈한

오늘

질리도록 익숙한 캐럴이 울려 퍼지는

오늘

천박한 박애

당신은 스스로를 박애주의자라 합니다만
제게는 그 말이 퍽 우습게 들립니다

나비는 사랑한다지만 파리는 혐오하고
꿀벌은 사랑한다지만 모기는 질색하는
강아지는 사랑한다지만 구렁이는 기겁하고
고양이는 사랑한다지만 시궁쥐는 멸시하는
이웃은 사랑한다지만 죄인은 경멸하고
아군은 사랑한다지만 적군은 증오하는
당신의 박애

오직 빛과 꿀과 따스함만을 끌어안고
어둠과 독과 싸늘함은 내치는, 그
반쪽짜리 박애
슬프외다
나는 정말 슬프외다

2부

끝없이 일렁이는 고요의 바다

십자가

대체 언제까지 거기 계시렵니까?
헐벗고 주린 몸으로
피 흘리고 신음하며
그 높고 추운 곳에 홀로
그 누구도 옆에 없이 오직 홀로
대체 언제까지 그렇게 계시렵니까?

내려오시지요
저희는 그럴 가치가 없습니다
저희는 필요로 할 때만 당신을 찾습니다
저희는 저희의 머리에 왕관을 쓰기 위해
당신의 머리에 면류관을 씌우고
저희는 저희의 손발에 금을 두르기 위해
당신의 손발에 못을 박습니다

그러니
이제 내려오시지요
제발 좀
내려오시지요

한때는

두 팔로 안을 수 없는 거목 역시

한때는 씨앗 한 알이었고

들판을 색색이 수놓은 들꽃 역시

한때는 새싹 한 잎이었다

바람에 훨훨 날아가는 나비 역시

한때는 애벌레 한 마리였고

석양에 올라 활공하는 산새 역시

한때는 아가 새 한 마리였다

비루함 속에는 빛남이

보잘것없음 속에는 찬란함이

미미함 속에는 아름다움이

그렇게, 깃들어 있는 것

환영

어느 날

창백한 얼굴로 현관에 들어서면

황달기 도는 불빛이 지친 인사를 건넨다

흐릿한 동공으로 천장을 바라보면

현관 등 속엔 길 잃은 파리들 한 무더기

그저 빛에 닿고 싶을 뿐이었던

그러나 결코 빛에 환영받지 못하고

되려 그 빛에 제 몸이 불타 죽은

가엾은 파리들 한 무더기

아저씨

난생처음 돈을 벌러 간 곳
그곳에서 만난 김 씨 아저씨
책상보다 키가 두 뼘 컸던
말씨가 어린아이와 다를 바 없던
입가에 늘 허연 자국이 말라붙어 있던
다른 사람들로부터 늘 구박을 받곤 했던
그 구박에도 헤헤 웃고 연신 조아리며 일하던
김 씨 아저씨

어느 쉬는 시간
김 씨 아저씨가 펼친 폴더폰에는
노란 가방을 멘 땋은 머리의 여자아이가
아저씨의 품에 안겨 활짝 웃고 있었다
그 사진을 더없이 맑은 미소로 바라보는 아저씨
아저씨의 땀에 젖은 조그마한 등판을 바라보며

왜일까
나는 자꾸만
자꾸만 서글퍼졌다

나무

잎사귀 떨어지고

가지는 메말라가는구나

그러나 계절이 흐르면

저 나무에 다시금

싹이 돋고

잎이 나고

꽃이 피겠지

계절이 흘러도

싹 돋우지 못하고

잎새 내밀지 못하고

꽃 피우지 못하는 것은

누구

냇물

 돌담을 주춤주춤 내려가 눈이 쌓인 냇물을 밟아봅니다 한겨울이라 냇물은 단단히 얼어 있고 앞서 걸은 몇 사람들의 발자국이 보입니다 새하얗게 눈이 쌓여 마치 소금사막과도 같은 그곳을 걷습니다 한 걸음, 두 걸음 걷다 보니 어느새 그 누구의 발자국도 없는 곳을 걷고 있습니다 일순 얼음이 깨져 차가운 강바닥으로 가라앉을까 두려운 마음이 들기도 하지만 되돌아가지 않습니다 냇물의 한복판에 서서 주변을 둘러보다 그곳에 눕습니다 고요합니다 마치 무성영화 속에 들어온 것 같습니다 밤하늘이 눈에 불어옵니다 점점이 박힌 별들과 함께 눈 속으로 잠깁니다 무수한 시공간을 뚫고 온 별들의 빛 그 억겁의 메아리 아래에 제가 있고 당신이 있고 우리 모두가 있습니다

마지막 잎새

소녀여, 울지 말아라

흩날리는 모든 것이 지는 것은 아니기에

단풍의 삶은

흩날리면서 시작하기에

민들레의 삶은

흩날리면서 시작하기에

도깨비풀의 삶은

흩날리면서 시작하기에

사람의 삶도

그러하기에

사계

고요한 땅에는 새싹이 움트고
안개 낀 산에는 뻐꾸기가 울고
푸르른 하늘에는 제비가 날고
그늘진 나무에는 매미가 울고
흐르는 강에는 갈대가 춤추고
암영 긴 길에는 낙엽이 눕고
새하얀 들녘에는 두루미가 날고
허허 빈 벌판에는 동백이 피고

방에는
매 한 마리
방에는
장난감 매 한 마리

가녀린 것들에 대한 상념

갓 태어난 조막만 한 아기는
아스팔트 틈새에 피어난 새싹은
하늘하늘 휘청이는 흰나비는

어찌 이리도 가녀린 것일까
단지 내 놀이터의 해맑은 아이들은
담벼락 밑의 이름 없는 꽃 한 송이는
포르르 포르르 날아가는 산새는

잎새에 이는 바람 한 줄기에도 날아갈 듯
몽돌에 스친 파도 한 조각에도 흩어질 듯
흙길에 내린 봄비 한 차례에도 사라질 듯
어찌 이리도, 가녀린 것일까

밤하늘

밤하늘에는 고요가 깃들어 있다

무심의 고요

시침의 방향처럼 무심한 고요 속

넘실거리는 별들

눈 속에 고였던 슬픔이

넘쳐

끝없이 일렁이는 고요의 바다

빈곤의 시대

밥과 찬은 넘쳐나건만

굶주리는 이들은 여전하고

옷과 신은 넘쳐나건만

헐벗은 이들도 여전하고

집과 일은 넘쳐나건만

떠도는 이들 역시 여전하다

전엔 없어서 가난하다 했다지만

이젠 없지도 않은 것을 무어라 변명할까

가질 줄만 알고 나눌 줄은 모르는

뜨겁고도 차가운 풍요

해탈

보름달처럼 아리따운 미인의 얼굴을 보고도
마음에 잔물결 하나 일지 않는대도
여전히 배는 고파오는 것이 사람 아니오

산짐승조차 울리는 피리 소리를 듣고도
마음에 잔파도 하나 치지 않는대도
여전히 잠은 쏟아지는 것이 사람 아니오

봄바람에 은은히 섞여오는 꽃내음을 맡고도
마음에 잔바람 하나 불지 않는대도
여전히 분뇨는 마려운 것이 사람 아니오

온종일의 중노동 후 뜨끈한 국물을 먹고도
마음에 잔빗발 하나 나리지 않는대도
여전히 숨은 가빠오는 것이 사람 아니오

그렇듯 눈에 귀에 코에 혀에
나아가 몸에 마음에 구애받지 않는대도
사람이 사람으로 살아 있는 이상은

마냥 주리고 졸리고 마렵고 가쁘기 마련이니
아무래도 해탈은 해탈해야 하는 것인가 보오

3부

흩어져 풀을 뜯는 순록 떼를 치며

이치

바람에 흩날리는 것은 꽃잎

회한에 흩날리는 것은 인생

파도에 흩어지는 것은 모래

세월에 흩어지는 것은 인연

도미를 위한 발라드

햇살이 눈부신 6월의 보도
동경일식의 사내들이 나와 있었다네
푸르른 동해에서 갓 잡아 온
싱싱한 물고기들을 받기 위해서였지
하얀 용달차에 따개비처럼 붙은 수조에서
빛바랜 통으로 물고기들이 옮겨지던 그때
도미 한 마리가 날아올랐다네
먹구름 속 여의주를 문 용 한 마리처럼
옥죄는 뜰채로부터 광활한 하늘을 향해
힘차게 날아올랐다네
그러나
도미에겐 용과 같은 힘도 재주도 없었기에
껌딱지 가득한 보도로 떨어졌고
보도 위에서 도미는 펄떡였다네
구속복을 입은 환자가 펄떡이듯이
전기고문을 당하는 열사가 펄떡이듯이
그토록 처절하고도 간절한 몸부림 앞에서
물에 빠진 뭍짐승과 다를 바 없는 몸부림 앞에서
나는 다만 서글퍼졌다네

로드킬

산책을 마치고 돌아오던 한여름의 밤
스치는 선선함 속에서, 나는 보았다
도로 위에 쥐포처럼 납작이 깔려 죽은 고양이 한 마리를
도로 위에 핏자국을 길게 흘리고 죽은 고양이 한 마리를

목각인형처럼 우두커니 한참을 서 있다
짓이겨져 나온 고양이의 핏발 선 눈앞에 한참을 서 있다
고양이를 들고 걸었다
사람이 볼 수도 해칠 수도 없는 수풀을 향해
사람이 떠들 수도 놀릴 수도 없는 수풀을 향해
축 늘어진 고양이를 들고 걸었다

비척이는 발걸음으로 집에 돌아와 손을 씻는데
차가운 수돗물에 하늘하늘 씻겨 나가는 고양이의 피는
물줄기를 연붉은빛으로 물들이며 씻겨 나가는 고양이의 피는
나의 것과 조금도 다를 바 없이 - 따뜻했더랬다

재

누군가는 아스라이 흩어진 너를 두고
볼 일 없는 쭉정이라 욕할지도 모르지만
나는 안다
너의 처연한 미소 뒤에 타올랐던
봄볕처럼 환하고도 따사로웠던 그 불꽃을

가여운 소녀의 눈물 어린 얼굴을 밝혀주던 성냥에서
어둠 속에 떨어진 나그네의 앞길을 밝혀주던 횃불에서
고단한 농부 가족의 겸허한 식탁을 밝혀주던 난로에서
포옹처럼 다정히도 일렁이던, 그 불꽃

너의 바랜 미소가 켜진다

천연

꽃은 꺾으면 시들고

새는 가두면 날지 않는 법

강은 막으면 썩어들고

산은 뚫으면 무너지는 법

자연이 바라는 것은

이것도 저것도 아닌 오직

그대로의 자연

시베리안 허스키

이곳이 아닌 그곳에서라면
황금 따위를 받들며 매연과 소음만이 가득한 이곳이 아닌
광활한 순백의 대지에 눈과 바람이 속삭이는 그곳
그곳에서라면 너와 함께 걷고 또 달렸을 것이다

세계의 아침을 밝히는 붉은 태양을 맞으며
여기저기 흩어져 풀을 뜯는 순록 떼를 치며
바닷가 이웃 마을에 물범 가죽을 얻으러 가며
그렇게 그곳에서 너와 함께 걷고 또 달렸을 것이다

칼날처럼 매서운 눈보라가 몰아치는 날도 있을 것이고
주린 배를 움켜쥐고 잠 못 이루는 날도 있을 것이며
한밤중 들려오는 늑대들의 울음에 몸서리치는 날도 있겠지
그래도 그곳에서 너와 함께 걷고 또 달렸을 것이다

그러나 이곳은 그곳이 아닌 이곳이기에
너는 분뇨조차 치워주지 않는 잔인한 주인의 앞마당에서
살갗을 파고드는 녹슨 사슬에 매여 짓무른 눈을 껌

뻑이고 있고
  나는 상념조차 허락되지 않는 각박한 사회의 한복판에서
  심신을 갉아먹는 숫자놀음에 매여 무거운 등짐을 나르고 있구나

곤충을 위한 병원

곤충을 위한 병원은 없다
동물병원의 조그만 양철 수술대 위에
기니피그 햄스터 포메라니안과 러시안 블루
이구아나 금붕어 집토끼와 사랑앵무를 위한 자리는 있지만
곤충을 위한 자리는 없다
꿀벌과 무당벌레와 하루살이와 집게벌레
개미와 호랑나비와 검정파리와 바퀴벌레를 위한
그런 자리는 없다

어째서
곤충은 동물이 아니라는 것인지
식물도 균류도 아닌 곤충이 동물이 아니라면 무언지

아아, 그렇지
곤충은 혐오스러우니까
못생기고 징그럽고 추잡하고 나약한 것
보잘것없고 불쾌하고 성가시고 미약한 것
곤충을 위해 돈과 마음을 쓰려는 사람이 있을 리 없지
그런 사람이 없으니 곤충을 위한 병원 역시 있을 리 없지

빈민가에 고급 병원이 문을 열지 않는
나병촌에 사람들이 눈길 주지 않는 것과 마찬가지

아아, 답답하고 답답하고 또 답답하구나
곤충을 위한 병원을 만들지 않는 사람들도
곤충을 위한 병원을 열지 않는 나 자신도

소들의 침묵

제가 살던 집 뒤편에는 우사牛舍가 있었습니다
대궐집 문짝처럼 커다랗고 듬직한 수소와
그만큼은 아니지만 역시나 크고 순한 암소와
암소 곁에 껌딱지처럼 붙어 다니는 송아지
그런 녀석들이 서른 마리 정도 그곳에 있었습니다

그 집에서 이사하고 먼 시간이 흐른 어느 날
저는 야생동물들의 습성에 관한 책을
그럭저럭 흥미롭게 읽다가 알게 됐습니다
야생의 소들은 울지 않는다는 사실을

…이상한 일이었습니다
그 우사에 있었던 소들은 계속 울어댔거든요
낮이고 밤이고 시도 때도 없이 긴긴 목소리로
구슬프고도 묵직한 그 목소리로
음머어 음머어
그렇게 울어대곤 했습니다

책 밑에는 이런 글이 덧붙여져 있었습니다
야생의 소들은 울지 않지만
그들 역시 예외적으로 울 때가 있다고

포식자들로부터 생존의 위협을 받을 때라고
극심한 두려움을 느낄 때 바로 그때

그랬던 것이었습니다
그래서 녀석들은 그리도 울어댔던 것이었습니다
그네들의 크고 글썽이는 눈 앞에 펼쳐진 미래
도살장으로 끌려가 죽임당하는 미래를
직감했기에 그리도 울어댔던 것이었습니다

울음의 이유를 안 이후로도 소고기는 물론
다른 고기들 역시 끊지 못하였습니다
그렇지만 저는 마음 한구석에서 바라봅니다

어차피 도살하여 우리의 식탁 위에 올릴 테면
사육 중에 지나친 억압과 학대는 삼가고
최대한 자연스러운 환경에서 기르는
그럼으로써 찾아올, 소들의 침묵을

상선약수

물은 색이 없다
하늘이 푸르면 물도 푸르고
하늘이 흐리면 물도 흐리다
시냇물도 강물도 바닷물도
손으로 아름 떠서 보면 모두
모두 색이 없다

물은 태가 없다
그릇에 담은 물은 그릇이 되고
꽃병에 담은 물은 꽃병이 된다
수돗물도 맹물도 약수도
어딘가에 담아 보면 모두
모두 태가 없다

물은 뜻이 없다
위에서 떨어트리면 그저 떨어지고
옆에서 밀어트리면 그저 밀려난다
계곡물도 빗물도 호숫물도
가만 서서 바라보면 모두
모두 뜻이 없다
〈

색이 없으니 색에 얽매이지 않고
태가 없으니 태에 구애받지 않으며
뜻이 없으니 뜻에 고통받지 않는다
물과 같아지고 싶다
물이 되어 흐르고만 싶다

라면

라면을 끓이는 시간은
3분보다 2분 30초 정도가 적당해
꼬들꼬들한 면이 일품이거든
라면에 넣는 물도 사실
500mL보다 450mL 정도가 적당해
조금 짜긴 하지만, 그게 맛이잖아?
그래서 말인데
어쩌면 산다는 것도 라면 같은 걸지 몰라
뭐든 남들이 가져야 한다는 것보다 조금 적게
뭐든 남들이 누려야 한다는 것보다 조금 적게
어쩌면 그게
삶의 참맛을 볼 수 있는 방법일지 몰라
…아, 3분 넘었다

송곳니

제 송곳니는 꿈꾸고 있습니다
본디 고기를 찢고 자르기 위해 존재했으나
세대에 세대를 거듭하며 나날이 짧아져
머나먼 과거의 편린을 꿈꾸고 있습니다

울긋불긋한 열매와 오밀조밀한 이삭을 따 모으던
강변의 은빛 물고기와 산자락의 날쌘 사슴을 잡던
그렇게 얻은 양식을 너나 할 것 없이 고루 나누어 먹던
햇빛이 눈부신 동녘을 향해 너른 들을 하염없이 걸어가던
달빛이 스미는 아늑한 동굴의 모닥불에 둘러앉아 별을 헤던
대지에는 발자국을 하늘에는 이야기를 뿌리며 살던
가슴 벅찬 시절의 편린을 꿈꾸고 있습니다

아아, 제 송곳니는 부르짖고 있습니다
풍요로운 빈곤 속에 질식해 가는 이 시대를 줄 테니
두렵고 고되어도 사람이 사람으로 살 수 있던
토지와 황금에 얽매이지 않고 나아갈 수 있던
그 시대를 달라고

제비의 고백

 아아, 왕자님 사랑스러운 나의 왕자님 실은 저, 관심 없었어요 몸져누운 아이와 그 아이의 가난한 어머니에게도 굶주림과 추위에 쓰러져 서서히 죽어가는 청년에게도 다 해진 누더기 같은 옷차림으로 떨고 있는 소녀에게도 부끄럽지만, 관심 없었어요

 제가 관심 있었던 사람은 오직 왕자님 당신뿐이었답니다 제가 관심을 바란 사람도, 오직 왕자님 당신뿐이었죠 그렇기에 왕자님의 바람이 제게는 곧 명령으로 다가왔는데 그랬는데, 그랬는데

 후회하고 있어요 저는 왕자님의 바람을 무시해야 했어요 당신의 몸을 이룬 보석을 떼어다 나눠주라는 바람을, 무시해야 했어요 그랬더라면, 그랬더라면 루비를 잃은 칼이 멍처럼 퍼어런 녹으로 뒤덮여있지도 않았을 테고 청옥을 잃은 눈이 가판대 위 생선 눈처럼 흐리멍덩해 있지도 않았을 테죠 금박을 잃은 몸이 싸늘한 잿빛으로 문드러져 있지도 않았을 테고

 아아, 사람들은 이리된 왕자님을 끌어내려 용광로에 던져버릴 게 뻔해 연민과 사랑에서 우러나온 왕자님의

희생을 까맣게, 까맣게 잊어버릴 게 뻔해

  왕자님은, 왕자님은요 불행한 왕자로 있는 편이 더 좋았을 거예요 …미안해요, 왕자님 미안해요, 미안해요 왕자님의 바람을 차마 거절할 수 없었던 저의 잘못이에요 왕자님의 따스한 눈길 하나에 추위조차 잊고 날아다닌 저의 잘못이에요 부디 저를 용서해주시겠어요? 곧 싸늘히 식어버릴 저를 위해 울어주시겠어요?

  왕자님의 납으로 된 가슴에, 저의 날갯짓을 묻어주시겠어요…?
  아아, 왕자님
  사랑하는 나의 왕자님
  이만… 안녕…

* 오스카 와일드의 「행복한 왕자」 참고.

4부

해바라기가 묻는 열 개의 수수께끼

들국화

들판에 외로이 핀 너

나그네 가는 길 길동무 돼주는 너

풀벌레 노래할 때 들어주는 너

들에 구름 만드는 너

그런 너를 보러 갔을 때

넌 이미 가고 없더라…

지하도로부터의 수기 1

 이곳은 지하도입니다 도시의 살결 밑에 쓸쓸히 잠들어 있는, 퇴직한 노인들과 쇠락해가는 상가가 있는, 평생을 햇빛과 달빛 없이 살아가는 이곳은 지하도입니다

 이곳의 양철 벤치에 앉아 점심을 먹고 있습니다 점심이라 해봤자 대단한 것은 못됩니다 편의점에서 산 삼립 크림빵 하나가 전부입니다 하지만 몇 시간의 방랑 같은 산책 뒤라, 이것만으로도 저는 충분히 흡족하단 마음입니다

 삼립 크림빵을 먹을 때마다 저는 〈삼포 가는 길〉이라는 소설과 어머니가 떠오릅니다 〈삼포 가는 길〉이 떠오르는 까닭은 소설의 대미에서 그간 함께 걸어온 일행이 헤어질 때 노영달이라는 사나이가 백화라는 아가씨에게 눈물을 흘리며 삼립 크림빵을 쥐여주는 장면을 가슴 아프게 읽었던 까닭이고, 어머니가 떠오르는 까닭은 단지 어머니가 제일 좋아하는 빵이 삼립 크림빵이기 때문입니다

지하도로부터의 수기 2

 곧 살을 에는 겨울이 옵니다 겨울이 오면 지하도에선 화장실의 변기 칸을 점검한다고 합니다 노숙인들이 잠을 자고 있지는 않나, 하는 차원에서 말입니다 개인적으로 저는 그런 점검은 하지 않아 주었으면 합니다 가을에 아파트의 층계나 텅 빈 휴게실에 몸을 뉘어본 일이 있었는데, 정말이지 끔찍이도 추웠거든요 그렇게 추웠던 적은 한겨울에도 없었던 것 같습니다 아무튼 가을에도 그러한데 겨울에는 오죽하겠습니까 그러니 그런 점검은 하다못해 겨울에는 하지 않아 주었으면 합니다

지하도로부터의 수기 3

 오래도록 걸은 탓인지, 잠깐 앉아 있었는데도 온몸이 노곤하여 흐물흐물해지는 기분입니다 지하도의 공기는 왠지 모르게 눅눅하면서도 포근하여 더욱 그렇습니다 마음 같아서는 햇살 받은 병아리처럼 꾸벅꾸벅 졸고만 싶습니다 사실 그래서 아니 될 이유도 없을 것입니다 그래도 양철 벤치에서 몇 시간을 졸고 나면 좀도 쑤시고 허리도 아플 테니, 조금만 더 쉬다가 다시 길을 나서야겠습니다

 적막한 시간 속에 발걸음이 울립니다 햇빛과 달빛 없는 이곳은 지하도입니다

벌레 같은 놈 1

 벌레 같은 놈? 벌레 같은 놈이라고요? 아니 잠시만, 잠시만요. 그 말을 쓴다는 건 당신은 벌레가 사람보다 못하다고 생각하는 겁니까? 당신은 사람이 벌레보다 낫다고 생각하는 겁니까? 진실로, 진실로 그렇게 생각하고 있는 겁니까?

 맙소사, 도대체 어째서입니까? 벌레가 작아서 그렇다면 우리도 혹등고래보다 작습니다 벌레가 약해서 그렇다면 우리도 회색곰보다 약합니다 벌레가 멍청해서 그렇다면 우리도 어릴 적 멍청했습니다 벌레가 지저분해서 그렇다면 우리도 중세에 지저분했습니다 벌레가 징그러워서 그렇다면 우리도 벌레의 눈에는, 아니 우리를 제외한 동물 상당수의 눈에는 징그럽습니다 요컨대 우리는 벌레보다 나을 것이 없단 말입니다

 물론 벌레보다 못할 것도 없지요 벌레도 사람도 혹등고래도 회색곰도, 기고 걷고 날고 헤엄치는 다른 모든 생명도 그저 광막한 우주 속 모래알만 한 이 지구에서 살아갈 뿐입니다 그저 혈관에 흐르는 이중 나선 구조의 엄혹한 명령에 따라 움직일 뿐입니다 그저 분자의 무더기로써 결합과 해체를 끊임없이 되풀이할 뿐입니다 그저 영문도 모른 채 나고 늙고 병들고 죽어갈 뿐입니다 그저, 그뿐이라는 겁니다

벌레 같은 놈 2

 그래요 저는 벌레 같은 놈이라는 말이 맘에 들지 않습니다 고작 말 하나에 유난을 떤다고 생각하실 수도 있습니다 이해합니다 하지만 물어보겠습니다 우리 인류가 정녕 벌레만 '벌레 취급'을 해왔습니까? 역사의 페이지에서 얼마나 많은 사람이 '벌레 취급'을 받아왔습니까? 그리고 '벌레 취급'을 받은 사람들의 최후는 어떠했습니까? 당신은 이미 목화밭의 흑인 노예들의 최후를 알고 있습니다 홀로코스트 유대인들의 최후 역시 알고 있고, 731부대 조선인들의 최후 또한 잘 알고 있을 겁니다

 그들은 모두 당대의 주류 사회로부터 '벌레 취급'을 받던 사람들이었습니다 무지와 오만과 편견에 근거한 인식은 그들을 향한 모든 종류, 말 그대로 모든 종류의 폭력을 정당화해줬습니다 벌레 같은 놈 그 말을 두고 고작 말 하나라고 생각할 수도 있겠지만, 말 하나가 가진 힘은 결코 우습게 볼 것이 아닙니다 생각에서 나온 말은 행동이 되고 습관이 되고 인생이 되고 끝내는 시대가 되기 때문입니다 벌레 같은 놈이라는 말이 만든 시대가 어떤 시대였는지
 〈

그러니 부디 다시 생각해 주십시오 세상에 벌레 같은 놈이란 건 없습니다 '벌레 취급'을 해도 괜찮은 사람, 가지고 놀고 학대하고 짓밟아도 괜찮은 사람은 없습니다 '벌레 취급'을 해도 괜찮은 벌레 역시 없습니다 벌레 같은 놈이라는 말이 목구멍에서 울컥거릴 때는, 부디 떠올려주십시오 그 말에 끔찍하고도 잔혹한 혐오의 씨앗이 움트고 있음을, 벌레에게도 '벌레 취급'을 받는 사람에게도 당신에게도 고통과 슬픔만을 안겨줄 재앙의 씨앗이 움트고 있음을 부디

번데기 1

 제가 지옥에 간다면요, 지독하게 많은 일이 떠오르지만 아마 그 일 때문에 가게 될 것도 같아요

 벌레들을 참 좋아했거든요 제게 벌레는 벌레가 아니라 곤충이었어요 장수풍뎅이와 사슴벌레를 특히 좋아했는데, 어찌나 좋아했던지 방안에 사육통을 가득 쌓아놓고 기르곤 했죠

 공기가 흐물거리도록 더운 여름의 막바지였어요 장수풍뎅이 애벌레들이 번데기가 되는 때였죠 저는 신대륙을 발견한 콜럼버스 부럽지 않은 설레는 마음으로 사육통을 열어 발효톱밥의 표면에 방을 만든 번데기들을 둘러봤어요 세로로 둥글게 파인 방 속의 하얗고 뽀얀 어여쁜 번데기들

 그런데, 순간 비명이 터져 나왔어요 한 번데기가 저를 뚫어지게 쳐다보고 있었거든요 오래된 목가구처럼 짙은 고동색의 머리를 가진, 그러니까 애벌레의 머리를 가진 기형의 번데기가 머리를 똑바로 들고 저를 쳐다보고 있었어요
 〈

번데기들이 성충이 되는 때가 돼서 떨리는 손과 마음을 애써 억누르고 사육통을 열어봤어요 모든 번데기가 성충이 되어 있었죠 모든, 모든 번데기가, 그래요 그 번데기는 여전히 둥글고 새까만 애벌레의 머리를 달고 그 머리 뒤로 광택이 나는 등껍질과 여섯 개의 다리를 움직이는, 기형의 성충이 되어 있었어요

저는, 저는, 사육통을 닫았어요 아주 오랫동안 닫아만 놨어요 그 번데기들이 있던 사육통뿐만이 아니라 다른 장수풍뎅이나 사슴벌레들이 있던 사육통도요 오랫동안, 아주 오랫동안요

번데기 2

 사육통의 모든 생명이 죽었어요 20L짜리 보라색 종량제 봉투에 발효톱밥과 사체를 담아 버리고 발효톱밥이 군데군데 묻어 있는 사육통들을 씻었어요 그리고
 시선이 닿지 않는 베란다 한구석으로 아주 치워버렸어요 칼을 버린다고 죄책감까지 버릴 수 있을 리 없지만, 그래야만 했어요 그러지 않을 수 없었어요

 왜, 왜 그랬냐고요?

 …무서웠어요 너무 무서웠을 뿐이에요 같은 환경에서 사력을 다했는데도 누군가는 엉망진창으로 망가진 기형으로 태어날 수밖에 없다는 사실이, 그리고 그 기형을 평생 짊어지고 가야만 한다는 사실이 견딜 수 없도록 무서웠어요 번데기들이 우화한 사육통과 그 사실을 떠올리게 만드는 장수풍뎅이와 사슴벌레들이 있는 다른 모든 사육통까지, 그렇게 방치해버릴 수밖에 없었어요

 우리 모두 카프카의 그레고르 잠자가 아닐까 생각해요

어떤 기억

그가 저수지에 모닥불을 피우고 앉아 개고기를 구워 먹는다 이런 음식을 먹게 될 거라고는 생각조차 해본 적 없다 양철 폭탄들이 하늘을 검게 메웠고, 그때부터 전에 먹을 수 없다고 생각했던 것들을 먹는 데 익숙해져야 했다 그는 개고기를 먹다 말고 운동화 끈을 바라보았다 해지고 빛바랜 그 끈은 아버지, 어머니와의 소중한 기억을 묶고 있었다 아주 어릴 적, 그의 부모님은 '노마드'라는 특이한 이름의 수족관에 데려가 준 적이 있었다 말미잘에 숨어든 흰동가리를 유리창에 바짝 붙어 홀린 듯이 보고 있을 때 아버지가 다가와 말했다 "넌 정말 칠칠하지 못하구나! 아직은 그래도 괜찮아" 그의 풀린 운동화 끈을 묶어주었다

그는 고개를 들어 하늘을 바라보았다 두 눈 가득 고인 눈물로 보름달이 흐려졌다

사막 나비

사람들은 그를 '나비'라고 불렀다 얼굴에 커다랗고 파란 나비 문신이 있기 때문이다 그는 해가 떠오를 즈음이 되면 버드나무로 만든 부메랑과 돌팔매를 챙겨 토끼사냥을 나섰다 사막 너머에 사는 원주민들의 손에 자랄 때 그런 도구들을 다루는 방법을 배웠다고 했다 아이들은 그가 멋들어지게 도구들을 다루는 모습과 매일 해가 질 즈음에 토끼 십수 마리의 귀를 묶어 들고 오는 모습을 보며 사막에 사는 원주민들을 만나고 싶어 했다 사막으로 가는 길은 미로처럼 복잡했고, 간다고 해도 거대한 해바라기가 묻는 열 개의 수수께끼를 풀어야 원주민들을 만날 수 있다는데

무모한 모험을 떠나려는 이는 없었다 그는 가벼운 발걸음으로 오늘도 사냥에 나선다 맨발에 밟히는 모래알의 감촉을 느끼며 오늘은 회색 토끼를 잡고 싶다는 생각을 한다

환한 인연

 동자승은 비질을 멈추고 흙바닥의 솔방울을 주워들었다 무엇이 그리도 신기한지 왼손 오른손으로 솔방울을 굴려본다 뒤로 다가온 주지 스님은 말없이 빗자루를 주워 마당을 쓴다 동자승은 깜짝 놀라 솔방울을 떨어뜨리고 주지 스님에게 달려간다 미안한 표정으로 빗자루를 바라보는 동자승을 보고 주지 스님은 미소를 짓는다 저녁노을이 칠한 붉은 벽에 둘의 그림자가 걸린다 담쟁이에 휘감긴 듯한 그림자가 짙어질 즈음, 주지 스님이 말한다 "가서 놀려무나" 동자승은 연꽃처럼 환하게 웃으며 떨어뜨린 솔방울을 줍는다
 그날 밤, 주지 스님은 놀이동산에서 노란 알전구가 가득 박힌 회전목마에 동자승을 태워주는 꿈을 꾸었다 어느 겨울날 '부탁드리겠습니다'라는 꼬깃꼬깃한 쪽지와 함께 광주리에 담겨 법당 마루에 버려진 가엾은 아이, 그 아이가 웃으면 세상이 환하다

숭례문

물론 가슴 아픈 일입니다, 그날의 일은
우리의 세월과 혼백이 깃든 것이니까요
우리의 문화와 역사를 상징하는 것이니까요
하지만 그것이 불타 무너져내렸다 하여
우리의 '위신'이 손상됐다 슬퍼함은
글쎄요, 저는 선뜻 이해가 가지 않습니다

언제부터 이 땅에 위신이 있었습니까?
자신의 알량한 야욕을 채우기 위해
무고한 시민 수천을 짓밟고 죽인 학살자가
호의호식하며 천수를 누리다 간 이 땅에서

세계인이 모여든다는 올림픽을 한답시고
도시 미용이라는 허울 좋은 말을 들먹이며
가난한 이들의 집을 부수고 허물어트린 이 땅에서

문자 그대로 머리맡에서 신음하고 있는
우리의 형제이자 자매이자 가족인 이들에게
따스한 손길은 고사하고 총칼을 겨누고 있는 이 땅에서
진실로, 언제부터 위신이 있었단 말입니까

산들바람이 불어왔다

 오랑캐 꽃밭에 서 있던 그는 손을 들어 눈을 가렸다 한여름 햇살의 따가운 광채를 막기 위해서였다 그는 어릴 적 갖고 놀았던 납병정을 떠올렸다 어느 날 돌담에 기대선 그는 바지 뒷주머니에서 무언가 깨지는 감촉을 느꼈다 그것은 그가 뒷주머니에 넣어둔 납병정이었다 납병정의 속은 텅 비어 있었다 그 텅 빈 공허를 바라보던 그는 살면서 처음으로, 애석하게도 마지막은 아닌, 고독을 느꼈다 산들바람이 불어왔다 그는 손을 내리고 고개를 푹 숙인 채로 오랑캐 꽃밭을 걸어갔다 무척 느리고도 무거운 걸음이었다 만약 하늘 높이 나는 새, 예컨대 콘도르의 눈으로 그를 봤다면 육중하고도 거대한 달팽이가 기어가는 것처럼 보였을 것이다 해 질 녘쯤 그는 허름한 마을에 도착했다 그가 깎은 재규어, 오랑우탄, 카이만 등의 나무 조각을 사줄 사람이 있을지 의구심이 들 정도로 허름한 마을이었지만, 이상하게도 마을 주민들의 눈은 거울처럼 맑고 투명했다 그것이 그에게 형언할 수 없는 희망을 안겨주었다

해설

구심력으로 빚은 이타적인 방식들

권혁재(시인)

윤현의 첫 시집인 『시베리안 허스키』에는 그의 이타적인 자의식과 그 내면을 지배하는 여러 대상으로부터 발화되는 감각적인 서정의 스펙트럼이 교직적으로 조화를 이루고 있다는 사실을 알 수 있다. 이를테면 "바람, 파도, 우주, 꽃, 꿈, 키위, 달, 십자가, 나무, 로드킬, 시베리안 허스키, 곤충, 벌레, 지하도로, 번데기, 나비" 등이 윤현의 자의식을 추동하는 대상으로 나타나, 결국은 시로 발화하는 궁극적인 대상으로 시의 여러 방향을 교직적으로 제시를 한다.

시를 엮어내는 씨줄에는 윤현의 가슴 속을 헤치고 터져 오르는 타자에 대한 순결한 사랑이 깃들어 있고, 날줄에는 벗어날 듯하면서도 벗어나지 못하는 자의식이 빚은 이타의 방식들이 얽혀 있다. 그래서 윤현의 시세계는 타자와 대상들을 밖으로 밀어내지 않고, 안으로 끌어들이는 이타적인 강력한 자장을 형성하는 특징을 지닌다.

윤현이 바라보는 타자에 대한 대상들은 "수조 개의 은하"(「우주」)에 떠 있는 "수천억 개의 별"들이 있는 우주로 나타내기도 하고, "그 무엇도 가두고 싶지 않"(「바람」)는 바람으로 흐르기도 하고, "헐벗고 주린 몸으로" "그 누구도 옆에 없"(「십자가」)는 그곳에서 "제발 좀/내려오시"라는 "십자가"로 나타내기도 한다. 그러나 이러한 대상들은 궁극적으로 화자를 벗어나지 못하고 오히려 화자에게로 파고드는 구심력의 자의식을 자극하는 대상물로 존재한다. 윤현은 이러한 것들로부터 비관하거나 나약한 모습을 드러내지 않고, 한 단계씩 정리하며 제자리를 찾아 돌아가는 모습에서 그 자신의 이타적인 자의식을 타자에게 향한 이타의 방식들로 잘 포용하고 있음을 엿볼 수 있다. 다음의 시 「바람」에서 그 예가 잘 드러나고 있다.

> 나는 그 무엇도 가두고 싶지 않다
> 사람도, 개와 고양이도
>
> 새도, 풀벌레와 물고기도
> 그 무엇도 가두고 싶지 않다
> 철창과 목줄로 유지되는 사랑과 우정은
> 바라지 않는다

〈

나는 한 줄기 바람이고 싶다

태양을 나침반 삼아 하염없이 떠돌다가

땀 흘리는 농부의 등줄기를 훑고

숲속 아가 새의 솜털을 만지다

노을빛 파도와 함께 너울대며

곤히 잠든 섬집 아기의 머리칼을

부드러이 넘겨주는 바람

그런 바람 한 줄기로

그렇게 흐르고 싶다

- 「바람」 전문

 윤현에게 바람은 "그 무엇도 가두고 싶지 않"은 진실하고 간절한 것으로 나타난다. 그의 가슴에는 항상 "사람, 개, 고양이, 새, 풀벌레, 물고기" 등이 "사랑과 우정으로" 존재하고 "땀 흘리는 농부의 등줄기를 훑고/숲속 아가 새의 솜털을 만지"기도 하는 바람이 있기도 한다. 그러면서 "그 무엇도 가두고 싶지 않"은 그의 바람은 "한 줄기로/그렇게 흐르고 싶"은 것으로 작용한다. 그에게 바람은 바람風 이전의 바람希으로, 그 의미를 품고 있는 시적 대상이라 할 수 있다. 바람은 화자가 희망하는 대상들을 가두지 않고 "그런 바람 한 줄기로/그렇게 흐르"는 바람과 희망을 동시에 자의식 강한 인식으로 획득해 낸다.

윤현에게 자의식의 대상보다는 그 대상에서 자의식을 되새기면서 어떡하든지 주제에 닿고 마는 확실한 시의 전개와 끈기를 견지한다는 사실을 자주 엿보인다. 작품 「꽃」에서 "길가에 핀 꽃 한 송이에서/당신의 모습을 보았습니다"에서 꽃에서 당신의 모습을 보는 소극적인 자의식을 "꽃을 꺾지 않는 사람이 되었습니다"라며 화자가 꽃에서 자각한 인식의 세계를 확장하여 주제의 결말로 매듭짓는 모습이 잘 나타난다. 또 「우주」의 작품에서도 "수조 개의 은하"에서부터 "내게는 우주가 너 하나보다 작더라/내게는 너 하나가 우주보다 크더라"라며 "은하, 태양, 행성, 지구, 사람"이 하나의 우주로 그 넓이를 넓혀 가나, 내게는 너 하나가 우주보다 크더라고 하는 이타적인 자의식의 귀착으로 위무를 주고받는다. 「파도」, 「검은 달」, 「그곳으로」 등 모두 같은 예의 작품들이다.

*

자의식은 어디에서 기인하는 것일까? 의식은 개인의 환경, 신체, 생활양식을 인식하고 있는 상태이지만, 자의식은 그러한 인식을 알아차리고 있는 것이다. 그래서 자의식은 개인이 의식적으로 자신의 성격이나 느낌, 또는 동기나 욕구를 잘 이해하는 방식이다. 윤현은 이러한 개념을 바탕으로 하여 철저하게 자신을 통제하고 통찰하여 온 것으로 작품에서 이미 다 드러낸다. 그에게 「십자가」는 저희는 그럴 가치가 없으니 제발 좀 내려오라고 도저한 말을 하는 대상으로, 「빈곤의 시대」에서는 굶주리고 헐벗고 떠도는 이들 역시 여전한데, 가질 줄만 알고 나눌 줄은 모르는 "빈곤의 시대"를 적나라하게 드러내거나, 또 「한때는」에서 씨앗 한 알부터 아가 새 한 마리까지 비루하고 보잘것없는 속에 숨어 있는 찬란함을 들추어 화자 자신의 처지와 다를 바 없는 한때의 자의식이 빚은 쓸쓸한 바람의 욕구를 지적해낸다. 그러나 「사계」에서 나타나는 자의식은 방에 갇힌 듯한 매 한 마리를 노출 시킴으로써 "방에는/장난감 매 한 마리"로 윤현 자신에 대한 자의식의 극점을 확실히 보여준다. "사계"에는 "움트는 새싹, 우는 뻐꾸기, 나는 제비, 춤추는 갈대, 피는 동백" 등의 대상이 나타난다. 이들 대상은 모두 다 "고요한 땅이나 안개 낀 산, 또는 흐르는 강, 빈 벌판"에서 타자의 공간으로 화자를 끌어들이는 공간으로 작용한다. 그러나 윤현은 계절이 사계로 바뀌어도 그가 있는 방에는 계절의 변화가 없다. 단지 방에는 매 한 마리가 있는데, 그 매 한 마리마저 구심력으로 빚은 장난감 매일 뿐이다. 진짜 매가 아닌 장난감 매 한 마리는 화자 자신의 장난감 매 한 마리로 화자가 사계로 떠도는 매 한 마리를 꿈꾸는 자의식 속의 매 한 마리인 것이다.

대체 언제까지 거기 계시렵니까?
헐벗고 주린 몸으로
피 흘리고 신음하며
그 높고 추운 곳에 홀로
그 누구도 옆에 없이 오직 홀로
대체 언제까지 그렇게 계시렵니까?

내려오시지요
저희는 그럴 가치가 없습니다
저희는 필요로 할 때만 당신을 찾습니다
저희는 저희의 머리에 왕관을 쓰기 위해
당신의 머리에 면류관을 씌우고
저희는 저희의 손발에 금을 두르기 위해
당신의 손발에 못을 박습니다

그러니
이제 내려오시지요
제발 좀

내려오시지요

  - 「십자가」 전문

　윤현에게 "십자가"는 마음의 안식처였을 것이다. 그러면서 동시에 자의식이 발로하는 불편한 대상이기도 하였을 것이다. 이 시는 윤현의 시를 관통하는 주제나 자의식의 일면을 잘 보여주는 작품이다. 첫 행에 나타나는 "대체 언제까지 거기 계시렵니까?" 이 도저하고 자조적인 표현은 윤현의 자의식을 극명하게 잘 드러낸 부분이다. 아직도 헐벗고 신음하며, 누구도 옆에 오지 않는 높은 그곳에 대체 언제까지 그렇게 마냥 계시렵니까? 하고 저돌적이고 단도직입적으로 언성을 높인다. 필요할 때만 저희는 당신을 찾았으니 그럴 가치가 저희에게 없으니 내려오라고 말한다. 저희가 힘들고 어려울 때만 당신을 찾아서 잘못했으니 그만하고 내려오라고 한다. "저희는 저희의 머리에 왕관을 쓰기 위해" 또는 "저희는 저희의 손발에 금을 두르기 위해" 당신의 손발에 못을 박고 저희가 필요할 때만 당신을 찾았다고 이타의 그릇된 성토를 한다. 그러나 윤현은 이타의 그릇된 방식마저 강력한 자장으로 원죄의 구심으로 끌어들여 제발 좀 내려와 달라고 화자는 긍정의 자의식으로 말한다. 이러한 장면에서 나타나듯이 윤현에게 자의식은 부정적이거나 타나

토스를 향한 일방적인 행위가 아닌 자의식 이후에 환기되는 희망적인 요소나 방향 전환을 취하고 있다는 사실을 발견할 수 있다.

*

윤현의 작품을 받아 처음부터 읽어 내려가는데, 명치 끝을 누르며 가슴을 먹먹하게 하는 몇몇 작품이 눈에 띄었다. 그중에서 단연코 눈에 들어온 작품은 「로드킬」이었다. 시의 마지막 부분에서 씻겨 나가는 고양이의 피와 나의 것과 조금도 다를 바 없이 "- 따뜻했더랬다"의 장면은 그가 생명에 대한 이타의 자의식을 내다보는 것 같아 가슴이 더욱 참담하였다. 수전 손택에 의하면 문학작품 속에서 질병이나 죽음은 작품을 이끌어가는 일종의 은유라고 했다. 윤현에게 이런 한 가지 애틋하고 절박한 은유가 있었다면 그것이 꼭 타자를 위한 이타의 순결한 한 방식이어야 했는지 궁금하기도 하다. 그에게 고양이의 죽음은 "나의 것과 조금도 다를 바 없이"(「로드킬」) 따뜻한 것으로, 혹은 "포옹처럼 다정히도 일렁이던 그 불꽃"(「재」)인 것으로 타자를 위한 고귀한 이타의 한 방식으로 슬프게 잘 획득해낸다.

그리고 다른 한편으로 자의식을 대하는 시선을 가지고 있는데, 그것은 삶에 대한 진지한 자세나 어떤 이치에 대한 사유의 세계를 외연해 내고 있다는 점이다. 작품 「라면」에서 삶의 참맛을 볼 수 있는 방법에 대해 회화적으로 나타내기도 하고, 「이치」라는 작품에서는 인생과 인연에 대해 철학적인 단계로 끌어올려 사유를 확장해주고 있다. 그런 반면에 「송곳니』에서는 토지나 황금에 얽매이지 않는 시대를 달라고 부르짖으며 송곳니를 드러내어 배금주의에 대해 경고를 하는 작품도 있다.

>산책을 마치고 돌아오던 한여름의 밤
>스치는 선선함 속에서, 나는 보았다
>도로 위에 쥐포처럼 납작이 깔려 죽은 고양이 한 마리를
>도로 위에 핏자국을 길게 흘리고 죽은 고양이 한 마리를
>
>목각인형처럼 우두커니 한참을 서 있다
>짓이겨져 나온 고양이의 핏발 선 눈앞에 한참을 서 있다
>고양이를 들고 걸었다
>사람이 볼 수도 해칠 수도 없는 수풀을 향해
>사람이 떠들 수도 놀릴 수도 없는 수풀을 향해
>축 늘어진 고양이를 들고 걸었다
>
>비척이는 발걸음으로 집에 돌아와 손을 씻는데
>차가운 수돗물에 하늘하늘 씻겨 나가는 고양이의 피는

물줄기를 연붉은빛으로 물들이며 씻겨 나가는 고양이의
피는
나의 것과 조금도 다를 바 없이 - 따뜻했더랬다
- 「로드킬」 전문

며칠 전 산행을 마치고 내려오다 주차장 입구 가까이에서 조금 전 지나간 차에 로드킬을 당한 꽃뱀을 보았다. 배가 눌렸는지 배에 상처가 길게 나 있고, 입에는 채 먹지 못한 개구리가 물려 있었다. 차를 타고 다니다 보면 종종 로드킬을 당한 동물들을 보게 된다. 아마 윤현이 본 로드킬도 그러했을 것이다. 산책을 마치고 돌아오다 한 여름밤에 마주친 고양이의 로드킬에서 윤현은 사람이 해칠 수 없는 수풀을 향해 축 늘어진 고양이를 들고 걸어 들어간다. "비척이는 발걸음으로 집에 돌아와 손을 씻는데/차가운 수돗물에 하늘하늘 씻겨 나가는 고양이의 피"가 "나의 것과 조금도 다를 바 없이 - 따뜻했더랬다"라고 한다. 씻겨 나가는 고양이의 피가 물줄기를 물들이며 씻겨 나가는 고양이의 피가 나의 것과 조금도 다를 바 없이 느껴지는데, 고양이의 피와 나의 피가 조금도 다를 바 없이 따뜻했더랬다고 하면서 서로의 온기에 대한 생명의 존귀함을 감지해낸다. 마지막 행의 "따뜻했더랬다"의 부분이 시의 완성도를 높이는 역할을 잘 해

내게 시어 선택을 한 그의 고민이 고양이 피같이 다가온다.

*

윤현, 그는 세상을 향해 하고 싶은 말들이 많으나 그가 바라보는 곳은 높은 곳이나 부의 축적이 아니라 주위의 사소한 "지하도로" 같은 곳이며, "벌레" 또는 "번데기" 같은 바닥부터 시작하는 생명들의 삶에 있다. 그에게 절실한 "어떤 기억"은 "두 눈 가득 고인 눈물로 보름달이 흐려"(「어떤 기억」)지는, 타자나 대상으로 "소중한 기억을 묶고 있었다." 그 소중한 기억이 구심력을 갖고 차츰 안으로 파고들 무렵, 윤현은 사막 속에서 토끼를 잡고, 그의 이타적인 바람은 "거대한 해바라기를 묻고 열 개의 수수께끼를 풀어야 만날 수 있는 원주민"(「사막나비」)을 만난다. 그러나 구심력 속에서의 윤현은 "살을 에는 겨울"에 "지하도 화장실 변기 칸"(「지하도로부터의 수기 2」)에 앉아 있다. 그러면서 "개인적으로 저는 그런 점검은 하지 않아 주었으면 합니다"라고 애원한다. 그 짧은 시간, 긴 추위에 지하도로 양철 벤치에 앉아 "햇살 받는 병아리처럼 꾸벅꾸벅 졸고만"(지하도로부터의 수기 3」) 싶다는 사소한 바람을 진솔하게 토해낸다. 젊은 나이에 비해 인생을 너무 많이 알아버린 윤현, 이러한 일련의 삶의 과정이 그에게 시적으로나 철학적으로 사유하게

할 수 있는 밑바탕이 되지 않나 싶다.

「지하도로부터의 수기 1」에서는 삼립 크림빵과 황석영의 소설 「삼포 가는 길」이 등장한다. 윤현은 삼립 크림빵을 먹을 때마다 황석영의 「삼포 가는 길」과 어머니가 떠오른다. 소설 끝부분에서 일행이 헤어질 때 극중인물 노영달이 백화에게 준 것이 삼립 크림빵이고, 어머니가 좋아하는 빵이 삼립 크림빵이어서 어머니가 떠오른다고 한다. 여기서 윤현이 평소에 어머니를 어떻게 대하고 있는지 짐작하게 해준다. 그에게 어머니는 삼립 크림빵을 좋아하는 시인이자 억척스럽게 삶을 살아온 백화 같은 여자처럼 엄마의 엄마로 존재하길 바라는 것이다. 그러면서 어쩌면 영원히 윤현의 곁을 떠날 수 없이 자꾸만 안으로 파고드는 구심력을 추동하는 이타의 대상인지도 모른다.

> 벌레 같은 놈? 벌레 같은 놈이라고요? 아니 잠시만, 잠시만요. 그 말을 쓴다는 건 당신은 벌레가 사람보다 못하다고 생각하는 겁니까? 당신은 사람이 벌레보다 낫다고 생각하는 겁니까? 진실로, 진실로 그렇게 생각하고 있는 겁니까?
>
> - 「벌레 같은 놈 1」 부분

그러니 부디 다시 생각해 주십시오 세상에 벌레 같은 놈
이란 건 없습니다 '벌레 취급'을 해도 괜찮은 사람, 가지고
놀고 학대하고 짓밟아도 괜찮은 사람은 없습니다 '벌레 취
급'을 해도 괜찮은 벌레 역시 없습니다 벌레 같은 놈이라는
말이 목구멍에서 울컥거릴 때는, 부디 떠올려주십시오 그
말에 끔찍하고도 잔혹한 혐오의 씨앗이 움트고 있음을, 벌
레에게도 '벌레 취급'을 받는 사람에게도 당신에게도 고통과
슬픔만을 안겨줄 재앙의 씨앗이 움트고 있음을 부디
- 「벌레 같은 놈 2」부분

윤현에게 구심력의 자의식이 두드러지게 나타나는 작품은 「벌레 같은 놈 1」이나 「벌레 같은 놈 2」 작품에서 사실적으로 잘 드러난다. "벌레 같은 놈?" 이런 단적인 표현은 화자에게는 타자화된 대상이라 하더라도 "벌레보다 낫다고 생각하는" 일반적인 사고와 마찬가지이므로 자신을 스스로 벌레로 비하하는 이타적인 자의식에서 기인하는 쓸쓸한 일면을 잘 드러낸다. 그리고 무엇보다도 화자는 자신의 처지를 비관하거나 남 탓을 하지 않고 이타의 자세로 온전히 받아들이는 자세를 취하고 있다는 사실에서 그의 일관성 있는 면모를 볼 수 있다는 것이다. 그러나 「벌레 같은 놈 2」에서는 "세상에 벌레 같은 놈이란 건 없습니다"라고 항변한다. 그리고 더 나

아가 "벌레 취급"에 대한 경계나 수위를 조절하며 오히려 벌레 취급을 하면 당신에게도 고통과 슬픔의 재앙이 움튼다고 경고를 한다.

> …무서웠어요 너무 무서웠을 뿐이에요 같은 환경에서 사력을 다했는데도 누군가는 엉망진창으로 망가진 기형으로 태어날 수밖에 없다는 사실이, 그리고 그 기형을 평생 짊어지고 가야만 한다는 사실이 견딜 수 없도록 무서웠어요 번데기들이 우화한 사육통과 그 사실을 떠올리게 만드는 장수풍뎅이와 사슴벌레들이 있는 다른 모든 사육통까지, 그렇게 방치해버릴 수밖에 없었어요
>
> 우리 모두 카프카의 그레고르 잠자가 아닐까 생각해요
> - 「번데기 2」 부분

여기서 윤현은 한발 더 나아가 「번데기 2」에서는 프란츠 카프카의 「변신」의 주인공 그레고르 잠자를 인용해 "엉망진창으로 망가진 기형"의 사실과 그 기형을 평생 짊어지고 가야만 한다는 사실이 더 고통스럽고 무섭다고 말한다. 이는 잠자가 어느 날 아침에 한 마리 벌레의 모습으로 변신하게 되며, 가족과 주변 사람들에게 버림받은 채 고독한 죽음을 맞게 되는데, 여기서 영원히 벗

어날 수 없는 현대인의 부조리한 삶의 현실과 조금도 다르지 않다는 것을 안으로 끌어들이는 타자들의 여러 형태로 반증해낸다.

    들판에 외로이 핀 너

    나그네 가는 길 길동무 돼주는 너

    풀벌레 노래할 때 들어주는 너

    들에 구름 만드는 너

    그런 너를 보러 갔을 때

    넌 이미 가고 없더라…

-「들국화」 전문

  윤현의 시에서 감내하기에 큰 고통은 그가 스쳐온 지난한 내력에 대한 통점을 구석구석 짚어내는 슬프고 고독한 발자취를 추적하는 것이었다. 윤현은 이제 더 이상 들국화 핀 들판을 외로이 걷지 않을 것이며, 풀벌레 노래를 들어주거나 들에 구름이 만들어질 때, 구심력을 벗어나려는 자의식으로 발로하여 타자들의 삶에 대한 방식을 이타적으로 받아들일 준비를 하고 있다. 대상과 대상끼리 서로 맞닿아 다시 "환한 인연"으로 맺어지면 주지 스님은 말없이 비질을 하고, 동자승은 솔방울을 줍는 어느 겨울날, "아이가 웃으면 세상이 환해"(「환한 인연」)지는 경계에서 또 만나는 타자들과의 고귀한 인연을 보게 될 것이다.

*

윤현이 꿈꾸며 사유하고 경험한 모든 것들이 수사나 은유로 표현될 때, 그 자신의 구심력 축에 버티고 있던 유토피아가 있었을까? "고독한 자의 말"로 물든 그의 목소리와 눈빛도 이타로 가득한 구심에 맺혀 있었을까? 윤현의 시세계에서 유토피아는 낮이 와도 저물지 않는, 날이 지나도 기울지 않는 "검은 달"로 나타난다. 그의 시 속에 나타나는 은유는 하늘과 당신 사이에 있는 검은 달이다. 검은 달은 하얀 도화지를 더 하얗게 보여주기 때문이라고 윤현은 말한다. 윤현은 서로 다른 사물이나 명암을 대비하여 명확한 이미지를 들춰냄으로써 자의식의 명도를 스스로 제어하는 감각적인 시를 써 왔다. 그 대표적인 시가 「그곳으로」이다. "새를 가두지 않고 꽃을 꺾지 않는 그곳으로", "부유함이 가난에게 문을 닫지 않는 그곳으로" 등의 표현에서 자신의 감정을 통제하여 "그곳으로"에 대한 기대와 희망을 담담하게 표현한다. 또 「아저씨」의 작품에서는 "다른 사람들로부터 늘 구박을 받고 했던" "아저씨의 땀에 젖은 조그마한 등판을 바라보며" 자꾸만 서글퍼지는 윤현의 이타적인 솔직한 심정을 토로하는 장면도 눈에 띈다. 여기서 윤현이 대하는 사물이나 사람에 대한 인정이 두텁고 그 자신의 심성 또한 연민으로 가득 차 있음을 알 수 있다.

"그 무엇도 가두고 싶지 않다"는 윤현의 기본적인 바람은 벌레 취급을 하는 사람들로부터 혐오의 씨앗으로 움트고, 너를 보러 갔을 때 넌 이미 가고 없는 장면에서는 자신의 "고독한 말"이 타자를 거쳐 이타의 노래가 될 것을 직감한다. 간절한 바람은 어긋나지 않게 오지 않고 평행선으로 마주할 때, 그 심리적인 저지선은 더 크게 무너지는 법이다. 「로드킬」에서 하늘하늘 씻겨 나가는 고양이의 피가, 물줄기를 연붉은빛으로 물들이며 씻겨 나가는 피가, 나의 것과 조금도 다를 바 없이 따뜻했더랬다의 표현에서도 그는 최선의 은유라고 타자를 구심력으로 끌어들일 것이다. 그러면 구심력 또한 최선의 이타적인 사유로, 윤현에게 담대하고 기억할 수 있는 이타의 은유로 대상을 제공해 줄 것이다.

윤현의 시세계는 "은하"와 "별"이 항상 존재하는 순결한 공간의 우주이자, "칼날처럼 매서운 눈보라가 몰아치는 날"을 견디며 달리고 또 달리는 "시베리안 허스키" 같은 삶에 대한 애착과 생명의 고귀함이 내재한 공간 등으로 가득 차 있다. 이러한 공간에서 윤현은 대상들을 밖으로 밀어내지 않고, 오히려 안으로 끌어들이는 이타의 행위를 취한다. 그 행위에서 원인과 결과에 상관없이 윤현은 그 대상들에게서 실망이나 좌절, 또는 비관이나 부정 등을 전혀 드러내지 않고 순백의 이타적인 방식으로 받아들인다. 여기에 윤현의 시세계를 이루고 있는 구심력이 빚은 이타의 방식들이 여러 층위로 존재하고 있음을 알 수 있다.

이제 윤현의 시집『시베리안 허스키』출간을 축하하며, 진실로 바라던 그 무엇도 가둘 수 없는 지경과 동물과 곤충을 모두 치료할 수 있는 동물병원이 희망처럼 다가오길 바란다. 또한 "칼날처럼 매서운 눈보라가 몰아치는 날도 있을 것이고/주린 배를 움켜쥐고 잠 못 이루는 날도 있을 것이며/한밤중 들려오는 늑대들의 울음에 몸서리치는 날"(「시베리안 허스키」)들에서 잘 견디며, 타자의 힘으로 구심력에서 잘 적응해가기를 기원한다. 순록을 치는 기운으로, 물범 가죽을 얻으러 달리고 또 달리는 윤현의 "시베리안 허스키" 같은 시를 다음에 또 볼 수 있도록 지침서가 되어 달라는 뜻에서 아래에 부기를

해 놓는다.

    이곳이 아닌 그곳에서라면
    황금 따위를 받들며 매연과 소음만이 가득한 이곳이 아닌
    광활한 순백의 대지에 눈과 바람이 속삭이는 그곳
    그곳에서라면 너와 함께 걷고 또 달렸을 것이다

    세계의 아침을 밝히는 붉은 태양을 맞으며
    여기저기 흩어져 풀을 뜯는 순록 떼를 치며
    바닷가 이웃 마을에 물범 가죽을 얻으러 가며
    그렇게 그곳에서 너와 함께 걷고 또 달렸을 것이다

    칼날처럼 매서운 눈보라가 몰아치는 날도 있을 것이고
    주린 배를 움켜쥐고 잠 못 이루는 날도 있을 것이며
    한밤중 들려오는 늑대들의 울음에 몸서리치는 날도 있겠지
    그래도 그곳에서 너와 함께 걷고 또 달렸을 것이다

    그러나 이곳은 그곳이 아닌 이곳이기에
    너는 분뇨조차 치워주지 않는 잔인한 주인의 앞마당에서

살갗을 파고드는 녹슨 사슬에 매여 짓무른 눈을 껌뻑이고 있고

나는 상념조차 허락되지 않는 각박한 사회의 한복판에서

심신을 갉아먹는 숫자놀음에 매여 무거운 등짐을 나르고 있구나

- 「시베리안 허스키」 전문

상상인 시인선 089

시베리안 허스키

지은이 윤 현
초판인쇄 2025년 10월 15일 **초판발행** 2025년 10월 20일
펴낸곳 도서출판 상상인 **편집주간** 황정산 **펴낸이** 진혜진
표지디자인 최혜원 **기획·마케팅** 전은빈 최유림 노혜림 정현수
책임교정 종이시계 **편집** 세종PNP
등록번호 제572-96-00959호 **등록일자** 2019년 6월 25일
주소 06621 서울시 서초구 서초대로74길 29, 904호
전화번호 02-747-1367, 010-7371-1871
팩스 02-747-1877 **전자우편** ssaangin@hanmail.net

ISBN 979-11-7490-015-9 (03810)

값 12,000원

* 이 책은 전부 또는 일부 내용을 재사용하려면 반드시 저작권자와 도서출판 상상인의 동의를 받아야 합니다.
* 이 도서의 국립중앙도서관 출판시도서목록(CIP)은 서지정보유통지원시스템 홈페이지(http://seoji.nl.go.kr)와 국가자료공동목록시스템(http://www.nl.go.kr/kolisnet)에서 이용하실 수 있습니다.